TRANZLATY

Language is for everyone

Språk er for alle

The Little Mermaid

Den Lille Havfruen

Hans Christian Andersen

English / Norsk

Copyright © 2023 Tranzlaty
All rights reserved.
Published by Tranzlaty
ISBN: 978-1-83566-955-6
Original text by Hans Christian Andersen
Den Lille Havfrue
First published in Danish in 1837
www.tranzlaty.com

The Sea King's Palace
Havkongens palass

Far out in the ocean, where the water is blue
Langt ute i havet, hvor vannet er blått
here the water is as blue as the prettiest cornflower
her er vannet blått som den vakreste kornblomsten
and the water is as clear as the purest crystal
og vannet er like klart som den reneste krystall
this water, far out in the ocean is very, very deep
dette vannet, langt ute i havet, er veldig, veldig dypt
water so deep, indeed, that no cable could reach the bottom
vann så dypt at ingen kabel kunne nå bunnen
you could pile many church steeples upon each other
du kunne stable mange kirketårn på hverandre
but all the churches could not reach the surface of the water
men alle kirkene kunne ikke nå vannoverflaten
There dwell the Sea King and his subjects
Der bor sjøkongen og hans undersåtter
you might think it is just bare yellow sand at the bottom
du tror kanskje det er bare gul sand i bunnen
but we must not imagine that there is nothing there
men vi må ikke forestille oss at det ikke er noe der
on this sand grow the strangest flowers and plants
på denne sanden vokser de merkeligste blomster og planter
and you can't imagine how pliant the leaves and stems are
og du kan ikke forestille deg hvor smidige bladene og stilkene er
the slightest agitation of the water causes the leaves to stir
den minste omrøring av vannet får bladene til å røre seg
it is as if each leaf had a life of its own
det er som om hvert blad hadde sitt eget liv
Fishes, both large and small, glide between the branches
Fisker, både store og små, glir mellom grenene
just like when birds fly among the trees here upon land
akkurat som når fugler flyr blant trærne her på land

In the deepest spot of all stands a beautiful castle
På det dypeste stedet av alle står et vakkert slott
this beautiful castle is the castle of the Sea King
dette vakre slottet er sjøkongens slott
the walls of the castle are built of coral
murene til slottet er bygget av koraller
and the long Gothic windows are of the clearest amber
og de lange gotiske vinduene er av det klareste rav
The roof of the castle is formed of sea shells
Taket på slottet er formet av skjell
and the shells open and close as the water flows over them
og skjellene åpner og lukker seg når vannet renner over dem
Their appearance is more beautiful than can be described
Utseendet deres er vakrere enn det kan beskrives
within each shell there lies a glittering pearl
innenfor hvert skall ligger det en glitrende perle
and each pearl would be fit for the diadem of a queen
og hver perle ville passe til diademet til en dronning

The Sea King had been a widower for many years
Sjøkongen hadde vært enkemann i mange år
and his aged mother looked after the household for him
og hans gamle mor tok seg av husholdningen for ham
She was a very sensible woman
Hun var en veldig fornuftig kvinne
but she was exceedingly proud of her royal birth
men hun var overmåte stolt over sin kongelige fødsel
and on that account she wore twelve oysters on her tail
og av den grunn hadde hun tolv østers på halen
others of high rank were only allowed to wear six oysters
andre av høy rang fikk bare bære seks østers
She was, however, deserving of very great praise
Hun fortjente imidlertid veldig stor ros
there was something she especially deserved praise for
det var noe hun spesielt fortjente ros for
she took great care of the little sea princesses

hun tok godt vare på de små sjøprinsessene
she had six granddaughters that she loved
hun hadde seks barnebarn som hun elsket
all the sea princesses were beautiful children
alle sjøprinsessene var vakre barn
but the youngest sea princess was the prettiest of them
men den yngste sjøprinsessen var den peneste av dem
Her skin was as clear and delicate as a rose leaf
Huden hennes var så klar og delikat som et roseblad
and her eyes were as blue as the deepest sea
og øynene hennes var blå som det dypeste hav
but, like all the others, she had no feet
men som alle de andre hadde hun ingen føtter
and at the end of her body was a fish's tail
og i enden av kroppen hennes var en fiskehale

All day long they played in the great halls of the castle
Hele dagen lang lekte de i de store salene på slottet
out of the walls of the castle grew beautiful flowers
ut av slottets vegger vokste vakre blomster
and she loved to play among the living flowers
og hun elsket å leke blant de levende blomstene
The large amber windows were open, and the fish swam in
De store gule vinduene var åpne, og fisken svømte inn
it is just like when we leave the windows open
det er akkurat som når vi lar vinduene stå åpne
and then the pretty swallows fly into our houses
og så flyr de pene svalene inn i husene våre
only the fishes swam up to the princesses
bare fiskene svømte opp til prinsessene
they were the only ones that ate out of her hands
de var de eneste som spiste ut av hendene hennes
and they allowed themselves to be stroked by her
og de lot seg stryke av henne

Outside the castle there was a beautiful garden

Utenfor slottet var det en vakker hage
in the garden grew bright-red and dark-blue flowers
i hagen vokste det knallrøde og mørkeblå blomster
and there grew blossoms like flames of fire
og det vokste blomster som ildflammer
the fruit on the plants glittered like gold
frukten på plantene glitret som gull
and the leaves and stems continually waved to and fro
og bladene og stilkene svingte kontinuerlig frem og tilbake
The earth on the ground was the finest sand
Jorden på bakken var den fineste sanden
but this sand does not have the colour of the sand we know
men denne sanden har ikke fargen til den sanden vi kjenner
this sand is as blue as the flame of burning sulphur
denne sanden er så blå som flammen av brennende svovel
Over everything lay a peculiar blue radiance
Over alt lå en særegen blå utstråling
it is as if the blue sky were everywhere
det er som om den blå himmelen var overalt
the blue of the sky was above and below
himmelens blå var over og under
In calm weather the sun could be seen
I rolig vær kunne solen sees
from here the sun looked like a reddish-purple flower
herfra så solen ut som en rødlilla blomst
and the light streamed from the calyx of the flower
og lyset strømmet fra blomstens beger

the palace garden was divided into several parts
slottshagen var delt inn i flere deler
Each of the princesses had their own little plot of ground
Hver av prinsessene hadde sin egen lille tomt
on this plot they could plant whatever flowers they pleased
på denne tomten kunne de plante hvilke blomster de ville
one princess arranged her flower bed in the form of a whale
en prinsesse arrangerte blomsterbedet sitt i form av en hval

one princess arranged her flowers like a little mermaid
en prinsesse arrangerte blomstene sine som en liten havfrue
and the youngest child made her garden round, like the sun
og det yngste barnet gjorde hagen sin rundt, som solen
and in her garden grew beautiful red flowers
og i hagen hennes vokste vakre røde blomster
these flowers were as red as the rays of the sunset
disse blomstene var like røde som solnedgangens stråler

She was a strange child; quiet and thoughtful
Hun var et merkelig barn; stille og gjennomtenkt
her sisters showed delight at the wonderful things
søstrene hennes viste glede over de fantastiske tingene
the things they obtained from the wrecks of vessels
tingene de hentet fra vrakene av fartøyer
but she cared only for her pretty red flowers
men hun brydde seg bare om de vakre røde blomstene sine
although there was also a beautiful marble statue
selv om det også var en vakker marmorstatue
the statue was the representation of a handsome boy
statuen var representasjonen av en kjekk gutt
the boy had been carved out of pure white stone
gutten var skåret ut av ren hvit stein
and the statue had fallen to the bottom of the sea from a wreck
og statuen hadde falt til bunnen av havet fra et vrak
for this marble statue of a boy she cared about too
for denne marmorstatuen av en gutt hun også brydde seg om

She planted, by the statue, a rose-colored weeping willow
Hun plantet, ved statuen, en rosafarget gråtepil
and soon the weeping willow hung its fresh branches over the statue
og snart hang den gråtepila sine friske greiner over statuen
the branches almost reached down to the blue sands
grenene nådde nesten ned til den blå sanden

The shadows of the tree had the color of violet
Treets skygger hadde fargen fiolett
and the shadows waved to and fro like the branches
og skyggene bølget frem og tilbake som grenene
all of this created the most interesting illusion
alt dette skapte den mest interessante illusjonen
it was as if the crown of the tree and the roots were playing
det var som om kronen på treet og røttene lekte
it looked as if they were trying to kiss each other
det så ut som om de prøvde å kysse hverandre

her greatest pleasure was hearing about the world above
hennes største glede var å høre om verden over
the world above the deep sea she lived in
verden over dyphavet hun levde i
She made her old grandmother tell her all about the upper world
Hun fikk sin gamle bestemor til å fortelle henne alt om den øvre verden
the ships and the towns, the people and the animals
skipene og byene, menneskene og dyrene
up there the flowers of the land had fragrance
der oppe hadde landets blomster duft
the flowers below the sea had no fragrance
blomstene under havet hadde ingen duft
up there the trees of the forest were green
der oppe var skogens trær grønne
and the fishes in the trees could sing beautifully
og fiskene i trærne kunne synge vakkert
up there it was a pleasure to listen to the fish
der oppe var det en fornøyelse å høre på fisken
her grandmother called the birds fishes
bestemoren hennes kalte fuglene fisker
else the little mermaid would not have understood
ellers ville ikke den lille havfruen ha forstått
because the little mermaid had never seen birds

fordi den lille havfruen aldri hadde sett fugler

her grandmother told her about the rites of mermaids
bestemoren hennes fortalte henne om ritualene til havfruer
"one day you will reach your fifteenth year"
"en dag vil du nå ditt femtende år"
"then you will have permission to go to the surface"
"da vil du ha tillatelse til å gå til overflaten"
"you will be able to sit on the rocks in the moonlight"
"du vil kunne sitte på steinene i måneskinnet"
"and you will see the great ships go sailing by"
"og du vil se de store skipene seile forbi"
"Then you will see forests and towns and the people"
"Da vil du se skoger og byer og menneskene"

the following year one of the sisters was going to be fifteen
året etter skulle en av søstrene bli femten
but each sister was a year younger than the other
men hver søster var ett år yngre enn den andre
the youngest sister was going to have to wait five years
before her turn
den yngste søsteren måtte vente fem år før hennes tur
only then could she rise up from the bottom of the ocean
først da kunne hun reise seg fra bunnen av havet
and only then could she see the earth as we do
og først da kunne hun se jorden slik vi gjør
However, each of the sisters made each other a promise
Imidlertid ga hver av søstrene hverandre et løfte
they were going to tell the others what they had seen
de skulle fortelle de andre hva de hadde sett
Their grandmother could not tell them enough
Bestemoren deres kunne ikke fortelle dem nok
there were so many things they wanted to know about
det var så mange ting de ønsket å vite om

the youngest sister longed for her turn the most

den yngste søsteren lengtet mest etter sin tur
but, she had to wait longer than all the others
men hun måtte vente lenger enn alle de andre
and she was so quiet and thoughtful about the world
og hun var så stille og tenksom på verden
there were many nights where she stood by the open window
det var mange netter hvor hun sto ved det åpne vinduet
and she looked up through the dark blue water
og hun så opp gjennom det mørkeblå vannet
and she watched the fish as they splashed with their fins
og hun så på fiskene mens de sprutet med finnene
She could see the moon and stars shining faintly
Hun kunne se månen og stjernene skinne svakt
but from deep below the water these things look different
men fra dypt under vannet ser disse tingene annerledes ut
the moon and stars looked larger than they do to our eyes
månen og stjernene så større ut enn de gjør for våre øyne
sometimes, something like a black cloud went past
noen ganger gikk noe som en svart sky forbi
she knew that it could be a whale swimming over her head
hun visste at det kunne være en hval som svømte over hodet hennes
or it could be a ship, full of human beings
eller det kan være et skip, fullt av mennesker
human beings who couldn't imagine what was under them
mennesker som ikke kunne forestille seg hva som var under dem
a pretty little mermaid holding out her white hands
en pen liten havfrue som holder frem de hvite hendene
a pretty little mermaid reaching towards their ship
en pen liten havfrue som strekker seg mot skipet deres

The Little Mermaid's Sisters
Den lille havfruens søstre

The day came when the eldest mermaid had her fifteenth birthday
Dagen kom da den eldste havfruen hadde femtende bursdag
now she was allowed to rise to the surface of the ocean
nå fikk hun stige til overflaten av havet
and that night she swum up to the surface
og den natten svømte hun opp til overflaten
you can imagine all the things she saw up there
du kan forestille deg alle tingene hun så der oppe
and you can imagine all the things she had to talk about
og du kan forestille deg alle tingene hun måtte snakke om
But the finest thing, she said, was to lie on a sand bank
Men det fineste, sa hun, var å ligge på en sandbanke
in the quiet moonlit sea, near the shore
i det stille månelyse havet, nær kysten
from there she had gazed at the lights on the land
derfra hadde hun stirret på lysene på landet
they were the lights of the near-by town
de var lysene i den nærliggende byen
the lights had twinkled like hundreds of stars
lysene hadde blinket som hundrevis av stjerner
she had listened to the sounds of music from the town
hun hadde lyttet til lyden av musikk fra byen
she had heard noise of carriages drawn by their horses
hun hadde hørt støy fra vogner trukket av hestene deres
and she had heard the voices of human beings
og hun hadde hørt stemmene til mennesker
and the had heard merry pealing of the bells
og de hadde hørt lystig bjelleklang
the bells ringing in the church steeples
klokkene ringer i kirketårnene
but she could not go near all these wonderful things

men hun kunne ikke komme i nærheten av alle disse
fantastiske tingene
so she longed for these wonderful things all the more
så hun lengtet desto mer etter disse fantastiske tingene

you can imagine how eagerly the youngest sister listened
du kan forestille deg hvor ivrig den yngste søsteren lyttet
the descriptions of the upper world were like a dream
beskrivelsene av den øvre verden var som en drøm
afterwards she stood at the open window of her room
etterpå sto hun ved det åpne vinduet på rommet sitt
and she looked to the surface, through the dark-blue water
og hun så til overflaten, gjennom det mørkeblå vannet
she thought of the great city her sister had told her of
hun tenkte på den store byen søsteren hennes hadde fortalt henne om
the great city with all its bustle and noise
den store byen med all dens mas og støy
she even fancied she could hear the sound of the bells
hun trodde til og med at hun kunne høre lyden av klokkene
she imagined the sound of the bells carried to the depths of the sea
hun så for seg lyden av klokkene som ble båret til havets dyp

after another year the second sister had her birthday
etter enda et år hadde den andre søsteren bursdag
she too received permission to swim up to the surface
også hun fikk tillatelse til å svømme opp til overflaten
and from there she could swim about where she pleased
og derfra kunne hun svømme hvor hun ville
She had gone to the surface just as the sun was setting
Hun hadde gått til overflaten akkurat da solen gikk ned
this, she said, was the most beautiful sight of all
dette, sa hun, var det vakreste synet av alle
The whole sky looked like a disk of pure gold
Hele himmelen så ut som en skive av rent gull

and there were violet and rose-colored clouds
og det var fiolette og rosa skyer
they were too beautiful to describe, she said
de var for vakre til å beskrive, sa hun
and she said how the clouds drifted across the sky
og hun sa hvordan skyene drev over himmelen
and something had flown by more swiftly than the clouds
og noe hadde fløyet forbi raskere enn skyene
a large flock of wild swans flew toward the setting sun
en stor flokk ville svaner fløy mot solnedgangen
the swans had been like a long white veil across the sea
svanene hadde vært som et langt hvitt slør over havet
She had also tried to swim towards the sun
Hun hadde også prøvd å svømme mot solen
but some distance away the sun sank into the waves
men et stykke unna sank solen ned i bølgene
she saw how the rosy tints faded from the clouds
hun så hvordan de rosa fargene bleknet fra skyene
and she saw how the colour had also faded from the sea
og hun så hvordan fargen også var falmet fra havet

the next year it was the third sister's turn
året etter var det den tredje søsterens tur
this sister was the most daring of all the sisters
denne søsteren var den mest vågale av alle søstrene
she swam up a broad river that emptied into the sea
hun svømte opp en bred elv som rant ut i havet
On the banks of the river she saw green hills
På bredden av elven så hun grønne åser
the green hills were covered with beautiful vines
de grønne åsene var dekket av vakre vinranker
and on the hills there were forests of trees
og på åsene var det skoger av trær
and out of the forests palaces and castles poked out
og ut av skogene stakk palasser og slott ut
She had heard birds singing in the trees

Hun hadde hørt fuglene synge i trærne
and she had felt the rays of the sun on her skin
og hun hadde kjent solstrålene på huden hennes
the rays were so strong that she had to dive back
strålene var så sterke at hun måtte dykke tilbake
and she cooled her burning face in the cool water
og hun avkjølte sitt brennende ansikt i det kalde vannet
In a narrow creek she found a group of little children
I en smal bekk fant hun en gruppe små barn
they were the first human children she had ever seen
de var de første menneskebarna hun noen gang hadde sett
She wanted to play with the children too
Hun ville også leke med barna
but the children fled from her in a great fright
men barna flyktet fra henne i stor forskrekkelse
and then a little black animal came to the water
og så kom et lite svart dyr til vannet
it was a dog, but she did not know it was a dog
det var en hund, men hun visste ikke at det var en hund
because she had never seen a dog before
fordi hun aldri hadde sett en hund før
and the dog barked at the mermaid furiously
og hunden bjeffet rasende mot havfruen
she became frightened and rushed back to the open sea
hun ble redd og skyndte seg tilbake til åpent hav
But she said she should never forget the beautiful forest
Men hun sa at hun aldri skulle glemme den vakre skogen
the green hills and the pretty children
de grønne åsene og de vakre barna
she found it exceptionally funny how they swam
hun syntes det var usedvanlig morsomt hvordan de svømte
because the little human children didn't have tails
fordi de små menneskebarna ikke hadde haler
so with their little legs they kicked the water
så med sine små ben sparket de i vannet

The fourth sister was more timid than the last
Den fjerde søsteren var mer sjenert enn den forrige
She had decided to stay in the midst of the sea
Hun hadde bestemt seg for å bli midt i havet
but she said it was as beautiful there as nearer the land
men hun sa det var like vakkert der som nærmere landet
from the surface she could see many miles around her
fra overflaten kunne hun se mange mil rundt seg
the sky above her looked like a bell of glass
himmelen over henne så ut som en glassklokke
and she had seen the ships sail by
og hun hadde sett skipene seile forbi
but the ships were at a very great distance from her
men skipene lå i meget stor avstand fra henne
and, with their sails, the ships looked like sea gulls
og med sine seil så skipene ut som måker
she saw how the dolphins played in the waves
hun så hvordan delfinene lekte i bølgene
and great whales spouted water from their nostrils
og store hvaler sprutet vann fra neseborene deres
like a hundred fountains all playing together
som hundre fontener som alle leker sammen

The fifth sister's birthday occurred in the winter
Den femte søsterens bursdag fant sted om vinteren
so she saw things that the others had not seen
så hun så ting som de andre ikke hadde sett
at this time of the year the sea looked green
på denne tiden av året så havet grønt ut
large icebergs were floating on the green water
store isfjell fløt på det grønne vannet
and each iceberg looked like a pearl, she said
og hvert isfjell så ut som en perle, sa hun
but they were larger and loftier than the churches
men de var større og høyere enn kirkene
and they were of the most interesting shapes

og de var av de mest interessante formene
and each iceberg glittered like diamonds
og hvert isfjell glitret som diamanter
She had seated herself on one of the icebergs
Hun hadde satt seg på et av isfjellene
and she let the wind play with her long hair
og hun lot vinden leke med det lange håret
She noticed something interesting about the ships
Hun la merke til noe interessant med skipene
all the ships sailed past the icebergs very rapidly
alle skipene seilte veldig raskt forbi isfjellene
and they steered away as far as they could
og de styrte unna så langt de kunne
it was as if they were afraid of the iceberg
det var som om de var redde for isfjellet
she stayed out at sea into the evening
hun ble ute på sjøen utover kvelden
the sun went down and dark clouds covered the sky
solen gikk ned og mørke skyer dekket himmelen
the thunder rolled across the ocean of icebergs
tordenen rullet over havet av isfjell
and the flashes of lightning glowed red on the icebergs
og lynglimt lyste rødt på isfjellene
and the icebergs were tossed about by the heaving sea
og isfjellene ble kastet rundt av det bølgende havet
the sails of all the ships were trembling with fear
seilene på alle skipene skalv av frykt
and the mermaid sat calmly on the floating iceberg
og havfruen satt rolig på det flytende isfjellet
and she watched the lightning strike into the sea
og hun så lynet slå ned i havet

All of her five older sisters had grown up now
Alle hennes fem eldre søstre var blitt voksne nå
therefore they could go to the surface when they pleased
derfor kunne de gå til overflaten når de ville

at first they were delighted with the surface world
til å begynne med var de henrykte over overflateverdenen
they couldn't get enough of the new and beautiful sights
de kunne ikke få nok av de nye og vakre severdighetene
but eventually they all grew indifferent towards the upper world
men etter hvert ble de alle likegyldige overfor den øvre verden
and after a month they didn't visit the surface world much at all anymore
og etter en måned besøkte de ikke overflateverdenen mye lenger
they told their sister it was much more beautiful at home
de fortalte søsteren at det var mye vakrere hjemme

Yet often, in the evening hours, they did go up
Men ofte, om kvelden, gikk de opp
the five sisters twined their arms round each other
de fem søstrene snodde armene rundt hverandre
and together, arm in arm, they rose to the surface
og sammen, arm i arm, steg de til overflaten
often they went up when there was a storm approaching
ofte gikk de opp når det var en storm som nærmet seg
they feared that the storm might win a ship
de fryktet at stormen kunne vinne et skip
so they swam to the vessel and sung to the sailors
så de svømte til fartøyet og sang for sjømennene
Their voices were more charming than that of any human
Stemmene deres var mer sjarmerende enn noe menneskes
and they begged the voyagers not to fear if they sank
og de ba de reisende om ikke å frykte om de sank
because the depths of the sea was full of delights
fordi havets dyp var full av gleder
But the sailors could not understand their songs
Men sjømennene kunne ikke forstå sangene deres
and they thought their singing was the sighing of the storm
og de trodde deres sang var stormens sukk

therefore their songs were never beautiful to the sailors
derfor var sangene deres aldri vakre for sjømennene
because if the ship sank the men would drown
fordi hvis skipet sank, ville mennene drukne
the dead gained nothing from the palace of the Sea King
de døde tjente ingenting på Sjøkongens palass
but their youngest sister was left at the bottom of the sea
men deres yngste søster ble etterlatt på bunnen av havet
looking up at them, she was ready to cry
hun så opp på dem, var klar til å gråte
you should know mermaids have no tears that they can cry
du bør vite at havfruer ikke har noen tårer som de kan gråte
so her pain and suffering was more acute than ours
så hennes smerte og lidelse var mer akutt enn vår
"Oh, I wish I was also fifteen years old!" said she
"Å, jeg skulle ønske jeg også var femten år!" sa hun
"I know that I shall love the world up there"
"Jeg vet at jeg skal elske verden der oppe"
"and I shall love all the people who live in that world"
"og jeg skal elske alle menneskene som lever i den verden"

The Little Mermaid's Birthday
Den lille havfruens bursdag

but, at last, she too reached her fifteenth birthday
men omsider nådde hun også sin femtende fødselsdag
"Well, now you are grown up," said her grandmother
«Vel, nå er du blitt voksen», sa bestemoren
"Come, and let me adorn you like your sisters"
"Kom og la meg pryde deg som dine søstre"
And she placed a wreath of white lilies in her hair
Og hun la en krans av hvite liljer i håret
every petal of the lilies was half a pearl
hvert kronblad av liljene var en halv perle
Then, the old lady ordered eight great oysters to come
Så beordret den gamle damen åtte flotte østers til å komme
the oysters attached themselves to the tail of the princess
østersene festet seg til halen til prinsessen
under the sea oysters are used to show your rank
under havet brukes østers for å vise rangeringen din
"But the oysters hurt me so," said the little mermaid
"Men østersen gjorde meg så vondt," sa den lille havfruen
"Yes, I know oysters hurt," replied the old lady
"Ja, jeg vet at østers gjør vondt," svarte den gamle damen
"but you know very well that pride must suffer pain"
"men du vet godt at stolthet må lide smerte"
how gladly she would have shaken off all this grandeur
hvor glad hun ville ha ristet av seg all denne storheten
she would have loved to lay aside the heavy wreath!
hun ville elsket å legge fra seg den tunge kransen!
she thought of the red flowers in her own garden
hun tenkte på de røde blomstene i sin egen hage
the red flowers would have suited her much better
de røde blomstene hadde passet henne mye bedre
But she could not change herself into something else
Men hun kunne ikke forandre seg til noe annet
so she said farewell to her grandmother and sisters

så hun tok farvel med bestemor og søstre
and, as lightly as a bubble, she rose to the surface
og lett som en boble steg hun til overflaten

The sun had just set when she raised her head above the waves
Solen hadde akkurat gått ned da hun løftet hodet over bølgene
The clouds were tinted with crimson and gold from the sunset
Skyene var farget med karmosinrød og gull fra solnedgangen
and through the glimmering twilight beamed the evening star
og gjennom det glitrende skumringen strålte aftenstjernen
The sea was calm, and the sea air was mild and fresh
Havet var stille, og havluften var mild og frisk
A large ship with three masts lay lay calmly on the water
Et stort skip med tre master lå rolig på vannet
only one sail was set, for not a breeze stirred
bare ett seil ble satt, for ikke en bris rørte seg
and the sailors sat idle on deck, or amidst the rigging
og sjømennene satt ledige på dekk, eller midt i riggen
There was music and songs on board of the ship
Det var musikk og sang om bord på skipet
as darkness came a hundred colored lanterns were lighted
da mørket kom ble hundre fargede lanterner tent
it was as if the flags of all nations waved in the air
det var som om flaggene til alle nasjoner vaiet i luften

The little mermaid swam close to the cabin windows
Den lille havfruen svømte tett inntil hyttevinduene
now and then the waves of the sea lifted her up
nå og da løftet havets bølger henne opp
she could look in through the glass window-panes
hun kunne se inn gjennom glassrutene
and she could see a number of curiously dressed people
og hun kunne se en rekke nysgjerrig kledde mennesker

Among the people she could see there was a young prince
Blant menneskene hun kunne se var det en ung prins
the prince was the most beautiful of them all
prinsen var den vakreste av dem alle
she had never seen anyone with such beautiful eyes
hun hadde aldri sett noen med så vakre øyne
it was the celebration of his sixteenth birthday
det var feiringen av hans sekstende bursdag
The sailors were dancing on the deck of the ship
Sjømennene danset på dekket av skipet
all cheered when the prince came out of the cabin
alle jublet da prinsen kom ut av hytta
and more than a hundred rockets rose into the air
og mer enn hundre raketter steg opp i luften
for some time the fireworks made the sky as bright as day
en stund gjorde fyrverkeriet himmelen lys som dagen
of course our young mermaid had never seen fireworks before
selvfølgelig hadde vår unge havfrue aldri sett fyrverkeri før
startled by all the noise, she went back under the water
skremt av all støyen gikk hun tilbake under vannet
but soon she again stretched out her head
men snart strakte hun hodet ut igjen
it was as if all the stars of heaven were falling around her
det var som om alle himmelens stjerner falt rundt henne
splendid fireflies flew up into the blue air
praktfulle ildfluer fløy opp i den blå luften
and everything was reflected in the clear, calm sea
og alt gjenspeiles i det klare, stille havet
The ship itself was brightly illuminated by all the light
Selve skipet ble sterkt opplyst av alt lyset
she could see all the people and even the smallest rope
hun kunne se alle menneskene og til og med det minste tauet
How handsome the young prince looked thanking his guests!
Så kjekk den unge prinsen så ut da han takket gjestene sine!

and the music resounded through the clear night air!
og musikken runget gjennom den klare natteluften!

the birthday celebrations lasted late into the night
bursdagsfeiringen varte til langt på natt
but the little mermaid could not take her eyes from the ship
men den lille havfruen kunne ikke ta øynene fra skipet
nor could she take her eyes from the beautiful prince
hun kunne heller ikke ta øynene fra den vakre prinsen
The colored lanterns had now been extinguished
De fargede lyktene var nå slukket
and there were no more rockets that rose into the air
og det var ikke flere raketter som steg opp i luften
the cannon of the ship had also ceased firing
kanonen på skipet hadde også sluttet å skyte
but now it was the sea that became restless
men nå var det havet som ble urolig
a moaning, grumbling sound could be heard beneath the waves
en stønnende, knurrende lyd kunne høres under bølgene
and yet, the little mermaid remained by the cabin window
og likevel ble den lille havfruen igjen ved hyttevinduet
she was rocking up and down on the water
hun gynget opp og ned på vannet
so that she could keep looking into the ship
slik at hun kunne fortsette å se inn i skipet
After a while the sails were quickly set
Etter en stund ble seilene raskt satt
and the ship went on her way back to port
og skipet gikk på vei tilbake til havn

But soon the waves rose higher and higher
Men snart steg bølgene høyere og høyere
dark, heavy clouds darkened the night sky
mørke, tunge skyer formørket nattehimmelen
and there appeared flashes of lightning in the distance

og det dukket opp lynglimt i det fjerne
not far away a dreadful storm was approaching
ikke langt unna nærmet det seg en forferdelig storm
Once more the sails were lowered against the wind
Nok en gang ble seilene senket mot vinden
and the great ship pursued her course over the raging sea
og det store skipet fulgte sin kurs over det rasende havet
The waves rose as high as the mountains
Bølgene steg like høyt som fjellene
one would have thought the waves were going to have the ship
man skulle trodd bølgene skulle ha skipet
but the ship dived like a swan between the waves
men skipet stupte som en svane mellom bølgene
then she rose again on their lofty, foaming crests
så reiste hun seg igjen på deres høye, frådende topper
To the little mermaid this was pleasant to watch
For den lille havfruen var dette hyggelig å se på
but it was not pleasant for the sailors
men det var ikke hyggelig for sjømennene
the ship made awful groaning and creaking sounds
skipet laget forferdelige stønn og knirkelyder
and the waves broke over the deck of the ship again and again
og bølgene brøt over skipets dekk gang på gang
the thick planks gave way under the lashing of the sea
de tykke plankene ga etter under sjøens surring
under the pressure the mainmast snapped asunder, like a reed
under trykket knakk stormasten i stykker, som et siv
and, as the ship lay over on her side, the water rushed in
og da skipet la seg over på siden hennes, fosset vannet inn

The little mermaid realized that the crew were in danger
Den lille havfruen innså at mannskapet var i fare
her own situation wasn't without danger either

hennes egen situasjon var heller ikke uten fare
she had to avoid the beams and planks scattered in the water
hun måtte unngå bjelkene og plankene spredt i vannet
for a moment everything turned into complete darkness
for et øyeblikk ble alt til fullstendig mørke
and the little mermaid could not see where she was
og den lille havfruen kunne ikke se hvor hun var
but then a flash of lightning revealed the whole scene
men så avslørte et lyn hele scenen
she could see everyone was still on board of the ship
hun kunne se at alle fortsatt var om bord på skipet
well, everyone was on board of the ship, except the prince
vel, alle var om bord på skipet, bortsett fra prinsen
the ship continued on its path to the land
skipet fortsatte på sin vei mot land
and she saw the prince sink into the deep waves
og hun så prinsen synke ned i de dype bølgene
for a moment this made her happier than it should have
et øyeblikk gjorde dette henne lykkeligere enn det burde ha vært
now that he was in the sea she could be with him
nå som han var i sjøen kunne hun være med ham
Then she remembered the limits of human beings
Så husket hun menneskets grenser
the people of the land cannot live in the water
folket i landet kan ikke leve i vannet
if he got to the palace he would already be dead
hvis han kom til palasset ville han allerede være død
"No, he must not die!" she decided
"Nei, han må ikke dø!" bestemte hun seg
she forget any concern for her own safety
hun glemmer enhver bekymring for sin egen sikkerhet
and she swam through the beams and planks
og hun svømte gjennom bjelkene og plankene
two beams could easily crush her to pieces
to bjelker kunne lett knuse henne i stykker

she dove deep under the dark waters
hun dukket dypt under det mørke vannet
everything rose and fell with the waves
alt steg og falt med bølgene
finally, she managed to reach the young prince
til slutt klarte hun å nå den unge prinsen
he was fast losing the power to swim in the stormy sea
han mistet raskt kraften til å svømme i det stormfulle havet
His limbs were starting to fail him
Lemmene hans begynte å svikte ham
and his beautiful eyes were closed
og hans vakre øyne var lukket
he would have died had the little mermaid not come
han ville ha dødd hvis den lille havfruen ikke hadde kommet
She held his head above the water
Hun holdt hodet hans over vannet
and she let the waves carry them where they wanted
og hun lot bølgene føre dem dit de ville

In the morning the storm had ceased
Om morgenen hadde stormen lagt seg
but of the ship not a single fragment could be seen
men av skipet kunne ikke et eneste fragment sees
The sun came up, red and shining, out of the water
Solen kom opp, rød og skinnende, opp av vannet
the sun's beams had a healing effect on the prince
solens stråler hadde en helbredende effekt på prinsen
the hue of health returned to the prince's cheeks
nyansen av helse vendte tilbake til prinsens kinn
but despite the sun, his eyes remained closed
men til tross for solen, forble øynene hans lukket
The mermaid kissed his high, smooth forehead
Havfruen kysset den høye, glatte pannen hans
and she stroked back his wet hair
og hun strøk bakover det våte håret hans
He seemed to her like the marble statue in her garden

Han virket for henne som marmorstatuen i hagen hennes
so she kissed him again, and wished that he lived
så hun kysset ham igjen, og ønsket at han levde

Presently, they came in sight of land
For øyeblikket kom de i syne av land
and she saw lofty blue mountains on the horizon
og hun så høye blå fjell i horisonten
on top of the mountains the white snow rested
på toppen av fjellene hvilte den hvite snøen
as if a flock of swans were lying upon the mountains
som om en flokk svaner lå på fjellet
Beautiful green forests were near the shore
Vakre grønne skoger var nær kysten
and close by there stood a large building
og like ved sto det en stor bygning
it could have been a church or a convent
det kunne ha vært en kirke eller et kloster
but she was still too far away to be sure
men hun var fortsatt for langt unna til å være sikker
Orange and citron trees grew in the garden
Appelsin- og sitrontrær vokste i hagen
and before the door stood lofty palms
og foran døren sto høye håndflater
The sea here formed a little bay
Havet her dannet en liten bukt
in the bay the water lay quiet and still
i bukta lå vannet stille og stille
but although the water was still, it was very deep
men selv om vannet var stille, var det veldig dypt
She swam with the handsome prince to the beach
Hun svømte med den kjekke prinsen til stranden
the beach was covered with fine white sand
stranden var dekket med fin hvit sand
and on the sand she laid him in the warm sunshine
og på sanden la hun ham i det varme solskinnet

she took care to raise his head higher than his body
hun passet på å løfte hodet høyere enn kroppen
Then bells sounded from the large white building
Så lød det klokker fra den store hvite bygningen
some young girls came into the garden
noen unge jenter kom inn i hagen
The little mermaid swam out farther from the shore
Den lille havfruen svømte lenger ut fra kysten
she hid herself among some high rocks in the water
hun gjemte seg blant noen høye steiner i vannet
she covered her head and neck with the foam of the sea
hun dekket hodet og nakken med havets skum
and she watched to see what would become of the poor prince
og hun så for å se hva som ville bli av den stakkars prinsen

It was not long before she saw a young girl approach
Det tok ikke lang tid før hun så en ung jente nærme seg
the young girl seemed frightened, at first
den unge jenta virket skremt til å begynne med
but her fear only lasted for a moment
men frykten hennes varte bare et øyeblikk
then she brought over a number of people
så tok hun over en del mennesker
and the mermaid saw that the prince came to life again
og havfruen så at prinsen ble levende igjen
he smiled upon those who stood around him
han smilte til dem som sto rundt ham
But to the little mermaid the prince sent no smile
Men til den lille havfruen sendte ikke prinsen et smil
he knew not that it was her who had saved him
han visste ikke at det var hun som hadde reddet ham
This made the little mermaid very sorrowful
Dette gjorde den lille havfruen veldig bedrøvet
and then he was led away into the great building
og så ble han ført bort inn i den store bygningen

and the little mermaid dived down into the water
og den lille havfruen stupte ned i vannet
and she returned to her father's castle
og hun vendte tilbake til sin fars borg

The Little Mermaid Longs for the Upper World
Den lille havfruen lengter etter den øvre verden

She had always been the most silent and thoughtful of the sisters
Hun hadde alltid vært den mest tause og omtenksomme av søstrene
and now she was more silent and thoughtful than ever
og nå var hun mer taus og omtenksom enn noen gang
Her sisters asked her what she had seen on her first visit
Søstrene hennes spurte henne hva hun hadde sett på sitt første besøk
but she could tell them nothing of what she had seen
men hun kunne ikke fortelle dem noe om det hun hadde sett
Many an evening and morning she returned to the surface
Mange kvelder og morgener kom hun tilbake til overflaten
and she went to the place where she had left the prince
og hun gikk til stedet hvor hun hadde forlatt prinsen
She saw the fruits in the garden ripen
Hun så fruktene i hagen modnes
and she watched the fruits gathered from their trees
og hun så på fruktene samlet fra trærne deres
she watched the snow on the mountain tops melt away
hun så snøen på fjelltoppene smelte bort
but on none of her visits did she see the prince again
men ved ingen av hennes besøk så hun prinsen igjen
and therefore she always returned more sorrowful than when she left
og derfor kom hun alltid mer bedrøvet tilbake enn da hun dro

her only comfort was sitting in her own little garden
hennes eneste trøst var å sitte i hennes egen lille hage
she flung her arms around the beautiful marble statue
hun slo armene rundt den vakre marmorstatuen
the statue which looked just like the prince
statuen som så ut akkurat som prinsen

She had given up tending to her flowers
Hun hadde gitt opp å passe blomstene sine
and her garden grew in wild confusion
og hagen hennes vokste i vill forvirring
they twinied the long leaves and stems of the flowers around the trees
de snodde de lange bladene og stilkene på blomstene rundt trærne
so that the whole garden became dark and gloomy
slik at hele hagen ble mørk og dyster

eventually she could bear the pain no longer
til slutt orket hun ikke lenger smerten
and she told one of her sisters all that had happened
og hun fortalte en av sine søstre alt som hadde skjedd
soon the other sisters heard the secret
snart hørte de andre søstrene hemmeligheten
and very soon her secret became known to several maids
og veldig snart ble hemmeligheten hennes kjent for flere tjenestepiker
one of the maids had a friend who knew about the prince
en av tjenestepikene hadde en venn som visste om prinsen
She had also seen the festival on board the ship
Hun hadde også sett festivalen om bord på skipet
and she told them where the prince came from
og hun fortalte dem hvor prinsen kom fra
and she told them where his palace stood
og hun fortalte dem hvor hans palass stod

"Come, little sister," said the other princesses
«Kom, lillesøster,» sa de andre prinsessene
they entwined their arms and rose up together
de flettet armene og reiste seg sammen
they went near to where the prince's palace stood
de gikk nær der prinsens palass sto
the palace was built of bright-yellow, shining stone

palasset ble bygget av knallgul, skinnende stein
and the palace had long flights of marble steps
og palasset hadde lange trapper av marmor
one of the flights of steps reached down to the sea
en av trappene nådde ned til sjøen
Splendid gilded cupolas rose over the roof
Flotte forgylte kupler reiste seg over taket
the whole building was surrounded by pillars
hele bygningen var omgitt av søyler
and between the pillars stood lifelike statues of marble
og mellom søylene sto naturtro statuer av marmor
they could see through the clear crystal of the windows
de kunne se gjennom det klare krystallet i vinduene
and they could look into the noble rooms
og de kunne se inn i adelsrommene
costly silk curtains and tapestries hung from the ceiling
kostbare silkegardiner og gobeliner hang fra taket
and the walls were covered with beautiful paintings
og veggene var dekket med vakre malerier
In the centre of the largest salon was a fountain
I sentrum av den største salongen var det en fontene
the fountain threw its sparkling jets high up
fontenen kastet sine glitrende stråler høyt opp
the water splashed onto the glass cupola of the ceiling
vannet sprutet på glasskuppelen i taket
and the sun shone in through the water
og sola skinte inn gjennom vannet
and the water splashed on the plants around the fountain
og vannet sprutet på plantene rundt fontenen

Now the little mermaid knew where the prince lived
Nå visste den lille havfruen hvor prinsen bodde
so she spent many a night in those waters
så hun tilbrakte mange netter i det vannet
she got more courageous than her sisters had been
hun ble modigere enn søstrene hennes hadde vært

and she swam much nearer the shore than they had
og hun svømte mye nærmere kysten enn de hadde
once she went up the narrow channel, under the marble balcony
en gang gikk hun opp den smale kanalen, under marmorbalkongen
the balcony threw a broad shadow on the water
balkongen kastet en bred skygge på vannet
Here she sat and watched the young prince
Her satt hun og så på den unge prinsen
he, of course, thought he was alone in the bright moonlight
han trodde selvfølgelig at han var alene i det skarpe måneskinnet

She often saw him in the evenings, sailing in a beautiful boat
Hun så ham ofte om kveldene, seilende i en vakker båt
music sounded from the boat and the flags waved
musikk hørtes fra båten og flaggene vaiet
She peeped out from among the green rushes
Hun kikket ut blant de grønne sivene
at times the wind caught her long silvery-white veil
noen ganger fanget vinden det lange sølvhvite sløret hennes
those who saw her veil believed it to be a swan
de som så sløret hennes trodde det var en svane
her veil had all the appearance of a swan spreading its wings
hennes slør så ut som en svane som spredte vingene

Many a night, too, she watched the fishermen set their nets
Mang en natt så hun også fiskerne sette garnene sine
they cast their nets in the light of their torches
de kaster garnene i lyset fra faklene
and she heard them tell many good things about the prince
og hun hørte dem fortelle mange gode ting om prinsen
this made her glad that she had saved his life
dette gjorde henne glad for at hun hadde reddet livet hans

when he was tossed around half dead on the waves
da han ble kastet rundt halvdød på bølgene
She remembered how his head had rested on her bosom
Hun husket hvordan hodet hans hadde hvilet på barmen hennes
and she remembered how heartily she had kissed him
og hun husket hvor hjertelig hun hadde kysset ham
but he knew nothing of all that had happened
men han visste ingenting om alt som hadde skjedd
the young prince could not even dream of the little mermaid
den unge prinsen kunne ikke engang drømme om den lille havfruen

She grew to like human beings more and more
Hun vokste til å like mennesker mer og mer
she wished more and more to be able to wander their world
hun ønsket mer og mer å kunne vandre i deres verden
their world seemed to be so much larger than her own
deres verden så ut til å være så mye større enn hennes egen
They could fly over the sea in ships
De kunne fly over havet i skip
and they could mount the high hills far above the clouds
og de kunne bestige de høye åsene langt over skyene
in their lands they possessed woods and fields
i sine land eide de skog og mark
the greenery stretched beyond the reach of her sight
grøntområdet strakte seg utenfor rekkevidden av hennes syn
There was so much that she wished to know!
Det var så mye hun ønsket å vite!
but her sisters were unable to answer all her questions
men søstrene hennes var ikke i stand til å svare på alle spørsmålene hennes
She then went to her old grandmother for answers
Hun dro deretter til sin gamle bestemor for å få svar
her grandmother knew all about the upper world
hennes bestemor visste alt om den øvre verden

she rightly called this world "the lands above the sea"
hun kalte med rette denne verden "landene over havet"

"If human beings are not drowned, can they live forever?"
"Hvis mennesker ikke druknes, kan de leve for alltid?"
"Do they never die, as we do here in the sea?"
"Dør de aldri, slik vi gjør her i havet?"
"Yes, they die too," replied the old lady
«Ja, de dør også», svarte kjerringa
"like us, they must also die," added her grandmother
«som oss må de også dø», la bestemoren til
"and their lives are even shorter than ours"
"og deres liv er enda kortere enn vårt"
"We sometimes live for three hundred years"
"Vi lever noen ganger i tre hundre år"
"but when we cease to exist here we become foam"
"men når vi slutter å eksistere her, blir vi skum"
"and we float on the surface of the water"
"og vi flyter på overflaten av vannet"
"we do not have graves for those we love"
"vi har ikke graver for de vi elsker"
"and we have not immortal souls"
"og vi har ikke udødelige sjeler"
"after we die we shall never live again"
"etter vi dør skal vi aldri leve igjen"
"like the green seaweed, once it has been cut off"
"som den grønne tangen når den først er kuttet av"
"after we die, we can never flourish again"
"etter at vi dør, kan vi aldri blomstre igjen"
"Human beings, on the contrary, have souls"
"Mennesker har tvert imot sjeler"
"even after they're dead their souls live forever"
"selv etter at de er døde lever deres sjeler for alltid"
"when we die our bodies turn to foam"
"Når vi dør blir kroppene våre til skum"
"when they die their bodies turn to dust"

"når de dør blir kroppene deres til støv"
"when we die we rise through the clear, blue water"
"når vi dør stiger vi opp gjennom det klare, blå vannet"
"when they die they rise up through the clear, pure air"
"når de dør stiger de opp gjennom den klare, rene luften"
"when we die we float no further than the surface"
"Når vi dør flyter vi ikke lenger enn til overflaten"
"but when they die they go beyond the glittering stars"
"men når de dør går de utover de glitrende stjernene"
"we rise out of the water to the surface"
"vi stiger opp av vannet til overflaten"
"and we behold all the land of the earth"
"og vi ser hele jordens land"
"they rise to unknown and glorious regions"
"de reiser seg til ukjente og strålende regioner"
"glorious and unknown regions which we shall never see"
"herlige og ukjente regioner som vi aldri vil se"
the little mermaid mourned her lack of a soul
den lille havfruen sørget over mangelen på sjel
"Why have not we immortal souls?" asked the little mermaid
"Hvorfor har vi ikke udødelige sjeler?" spurte den lille havfruen
"I would gladly give all the hundreds of years that I have"
"Jeg vil gjerne gi alle de hundrevis av årene jeg har"
"I would trade it all to be a human being for one day"
"Jeg ville byttet ut alt for å være et menneske for en dag"
"I can not imagine the hope of knowing such happiness"
"Jeg kan ikke forestille meg håpet om å kjenne en slik lykke"
"the happiness of that glorious world above the stars"
"lykken i den herlige verden over stjernene"
"You must not think that way," said the old woman
"Du må ikke tenke sånn," sa kjerringa
"We believe that we are much happier than the humans"
"Vi tror at vi er mye lykkeligere enn mennesker"
"and we believe we are much better off than human beings"
"og vi tror vi har det mye bedre enn mennesker"

"So I shall die," said the little mermaid
"Så jeg skal dø," sa den lille havfruen
"being the foam of the sea, I shall be washed about"
"som havets skum, skal jeg vaskes om"
"never again will I hear the music of the waves"
"aldri mer vil jeg høre bølgenes musikk"
"never again will I see the pretty flowers"
"aldri mer vil jeg se de vakre blomstene"
"nor will I ever again see the red sun"
"Jeg vil aldri mer se den røde solen"
"Is there anything I can do to win an immortal soul?"
"Er det noe jeg kan gjøre for å vinne en udødelig sjel?"
"No," said the old woman, "unless..."
"Nei," sa kjerringa, "med mindre..."
"there is just one way to gain a soul"
"det er bare én måte å få en sjel på"
"a man has to love you more than he loves his father and mother"
"en mann må elske deg mer enn han elsker sin far og mor"
"all his thoughts and love must be fixed upon you"
"alle hans tanker og kjærlighet må være festet til deg"
"he has to promise to be true to you here and hereafter"
"han må love å være tro mot deg her og heretter"
"the priest has to place his right hand in yours"
"presten må legge sin høyre hånd i din"
"then your man's soul would glide into your body"
"da ville din manns sjel gli inn i kroppen din"
"you would get a share in the future happiness of mankind"
"du ville få del i menneskehetens fremtidige lykke"
"He would give to you a soul and retain his own as well"
"Han ville gi deg en sjel og beholde sin egen også"
"but it is impossible for this to ever happen"
"men det er umulig at dette noen gang kan skje"
"Your fish's tail, among us, is considered beautiful"
"Din fisks hale, blant oss, anses som vakker"
"but on earth your fish's tail is considered ugly"

"men på jorden anses fiskens hale som stygg"
"The humans do not know any better"
"Mennesket vet ikke bedre"
"their standard of beauty is having two stout props"
"Skjønnhetsstandarden deres er å ha to solide rekvisitter"
"these two stout props they call their legs"
"disse to kraftige rekvisittene kaller de beina sine"
The little mermaid sighed at what appeared to be her destiny
Den lille havfruen sukket over det som så ut til å være hennes skjebne
and she looked sorrowfully at her fish's tail
og hun så bedrøvet på fiskens hale
"Let us be happy with what we have," said the old lady
«La oss være fornøyd med det vi har», sa kjerringa
"let us dart and spring about for the three hundred years"
"la oss sprette og springe rundt i de tre hundre årene"
"and three hundred years really is quite long enough"
"og tre hundre år er egentlig ganske lenge nok"
"After that we can rest ourselves all the better"
"Etter det kan vi hvile oss desto bedre"
"This evening we are going to have a court ball"
"I kveld skal vi ha baneball"

It was one of those splendid sights we can never see on earth
Det var en av de fantastiske severdighetene vi aldri kan se på jorden
the court ball took place in a large ballroom
baneballet fant sted i en stor ballsal
The walls and the ceiling were of thick transparent crystal
Veggene og taket var av tykk gjennomsiktig krystall
Many hundreds of colossal sea shells stood in rows on each side
Mange hundre kolossale skjell sto i rekker på hver side
some of the sea shells were deep red, others were grass green
noen av skjellene var dyprøde, andre var gressgrønne

and each of the sea shells had a blue fire in it
og hvert av skjellene hadde en blå ild i seg
These fires lighted up the whole salon and the dancers
Disse bålene lyste opp hele salongen og danserne
and the sea shells shone out through the walls
og skjellene lyste ut gjennom veggene
so that the sea was also illuminated by their light
slik at havet også ble opplyst av deres lys
Innumerable fishes, great and small, swam past
Utallige fisker, store og små, svømte forbi
some of the fishes scales glowed with a purple brilliance
noen av fiskeskjellene glødet med en lilla glans
and other fishes shone like silver and gold
og andre fisker lyste som sølv og gull
Through the halls flowed a broad stream
Gjennom hallene rant en bred bekk
and in the stream danced the mermen and the mermaids
og i strømmen danset havmennene og havfruene
they danced to the music of their own sweet singing
de danset til musikken av sin egen søte sang

No one on earth has such lovely voices as they
Ingen på jorden har så vakre stemmer som dem
but the little mermaid sang more sweetly than all
men den lille havfruen sang søtere enn alle andre
The whole court applauded her with hands and tails
Hele retten applauderte henne med hender og haler
and for a moment her heart felt quite happy
og et øyeblikk føltes hjertet hennes ganske lykkelig
because she knew she had the sweetest voice in the sea
fordi hun visste at hun hadde den søteste stemmen i havet
and she knew she had the sweetest voice on land
og hun visste at hun hadde den søteste stemmen på land
But soon she thought again of the world above her
Men snart tenkte hun igjen på verden over henne
she could not forget the charming prince

hun kunne ikke glemme den sjarmerende prinsen
it reminded her that he had an immortal soul
det minnet henne om at han hadde en udødelig sjel
and she could not forget that she had no immortal soul
og hun kunne ikke glemme at hun ikke hadde noen udødelig sjel
She crept away silently out of her father's palace
Hun krøp lydløst bort fra farens palass
everything within was full of gladness and song
alt inne var fullt av glede og sang
but she sat in her own little garden, sorrowful and alone
men hun satt i sin egen lille hage, sorgfull og alene
Then she heard the bugle sounding through the water
Så hørte hun bugelen lød gjennom vannet
and she thought, "He is certainly sailing above"
og hun tenkte: "Han seiler absolutt over"
"he, the beautiful prince, in whom my wishes centre"
"han, den vakre prinsen, i hvem mine ønsker er sentrum"
"he, in whose hands I should like to place my happiness"
"han, i hvis hender jeg vil legge min lykke"
"I will venture all for him to win an immortal soul"
"Jeg vil våge alt for at han skal vinne en udødelig sjel"
"my sisters are dancing in my father's palace"
"søstrene mine danser i min fars palass"
"but I will go to the sea witch"
"men jeg vil gå til sjøheksen"
"the sea witch of whom I have always been so afraid"
"sjøheksa som jeg alltid har vært så redd for"
"but the sea witch can give me counsel, and help"
"men sjøheksa kan gi meg råd og hjelpe"

The Sea Witch
Sjøheksa

Then the little mermaid went out from her garden
Så gikk den lille havfruen ut fra hagen sin
and she took the path to the foaming whirlpools
og hun tok veien til de frådende boblebadene
behind the foaming whirlpools the sorceress lived
bak de frådende boblebadene bodde trollkvinnen
the little mermaid had never gone that way before
den lille havfruen hadde aldri gått den veien før
Neither flowers nor grass grew where she was going
Det vokste verken blomster eller gress der hun skulle
there was nothing but bare, gray, sandy ground
det var ikke annet enn bar, grå sandmark
this barren land stretched out to the whirlpool
dette karrige landet strakte seg ut til boblebadet
the water was like foaming mill wheels
vannet var som skummende møllehjul
and the whirlpools seized everything that came within reach
og boblebadene grep alt som kom innen rekkevidde
the whirlpools cast their prey into the fathomless deep
boblebadene kastet sitt bytte i det fattløse dyp
Through these crushing whirlpools she had to pass
Gjennom disse knusende boblebadene måtte hun passere
only then could she reach the dominions of the sea witch
først da kunne hun nå havheksens herredømme
after this came a stretch of warm, bubbling mire
etter dette kom en strekning med varm, boblende myr
the sea witch called the bubbling mire her turf moor
sjøheksa kalte den boblende myra for torvmyren sin

Beyond her turf moor was the witch's house
Bortenfor torvmyen hennes var heksens hus
her house stood in the centre of a strange forest
huset hennes sto midt i en fremmed skog

in this forest all the trees and flowers were polypi
i denne skogen var alle trærne og blomstene polypi
but they were only half plant; the other half was animal
men de var bare halvplante; den andre halvparten var dyr
They looked like serpents with a hundred heads
De så ut som slanger med hundre hoder
and each serpent was growing out of the ground
og hver slange vokste opp av jorden
Their branches were long, slimy arms
Greinene deres var lange, slimete armer
and they had fingers like flexible worms
og de hadde fingre som fleksible ormer
each of their limbs, from the root to the top, moved
hver av deres lemmer, fra roten til toppen, beveget seg
All that could be reached in the sea they seized upon
Alt som kunne nås i havet grep de
and what they caught they held on tightly to
og det de fanget holdt de godt fast i
so that what they caught never escaped from their clutches
slik at det de fanget aldri slapp unna klørne deres

The little mermaid was alarmed at what she saw
Den lille havfruen ble skremt over det hun så
she stood still and her heart beat with fear
hun sto stille og hjertet banket av frykt
She came very close to turning back
Hun var veldig nær ved å snu
but she thought of the beautiful prince
men hun tenkte på den vakre prinsen
and she thought of the human soul for which she longed
og hun tenkte på menneskesjelen som hun lengtet etter
with these thoughts her courage returned
med disse tankene kom motet hennes tilbake
She fastened her long, flowing hair round her head
Hun festet det lange, flytende håret rundt hodet
so that the polypi could not grab hold of her hair

slik at polypien ikke kunne gripe tak i håret hennes
and she crossed her hands across her bosom
og hun krysset hendene over barmen
and then she darted forward like a fish through the water
og så pilte hun frem som en fisk gjennom vannet
between the subtle arms and fingers of the ugly polypi
mellom de subtile armene og fingrene til den stygge polypien
the polypi were stretched out on each side of her
polypiene ble strukket ut på hver side av henne
She saw that they all held something in their grasp
Hun så at de alle holdt noe i grepet
something they had seized with their numerous little arms
noe de hadde grepet med sine tallrike små armer
they were holding white skeletons of human beings
de holdt hvite skjeletter av mennesker
sailors who had perished at sea in storms
sjømenn som hadde omkommet på sjøen i stormer
sailors who had sunk down into the deep waters
sjømenn som hadde sunket ned i det dype vannet
and there were skeletons of land animals
og det var skjeletter av landdyr
and there were oars, rudders, and chests of ships
og det var årer, ror og kister til skip
There was even a little mermaid whom they had caught
Det var til og med en liten havfrue som de hadde fanget
the poor mermaid must have been strangled by the hands
den stakkars havfruen må ha blitt kvalt av hendene
to her this seemed the most shocking of all
for henne virket dette mest sjokkerende av alt

finally, she came to a space of marshy ground in the woods
til slutt kom hun til et myrlendt område i skogen
here there were large fat water snakes rolling in the mire
her var det store fete vannslanger som rullet i myra
the snakes showed their ugly, drab-colored bodies
slangene viste sine stygge, triste kropper

In the midst of this spot stood a house
Midt på dette stedet sto et hus
the house was built of the bones of shipwrecked human beings
huset ble bygget av bein fra skipbrudne mennesker
and in the house sat the sea witch
og i huset satt havheksa
she was allowing a toad to eat from her mouth
hun lot en padde spise fra munnen hennes
just like when people feed a canary with pieces of sugar
akkurat som når folk mater en kanarifugl med sukkerbiter
She called the ugly water snakes her little chickens
Hun kalte de stygge vannslangene sine små kyllinger
and she allowed her little chickens to crawl all over her
og hun lot de små kyllingene sine krype over hele henne

"I know what you want," said the sea witch
"Jeg vet hva du vil," sa havheksa
"It is very stupid of you to want such a thing"
"Det er veldig dumt av deg å ville noe slikt"
"but you shall have your way, however stupid it is"
"men du skal få viljen din, uansett hvor dumt det er"
"though your wish will bring you to sorrow, my pretty princess"
"selv om ønsket ditt vil bringe deg til sorg, min vakre prinsesse"
"You want to get rid of your mermaid's tail"
"Du vil bli kvitt havfruens hale"
"and you want to have two stumps instead"
"og du vil ha to stubber i stedet"
"this will make you like the human beings on earth"
"dette vil gjøre deg som menneskene på jorden"
"and then the young prince might fall in love with you"
"og da kan den unge prinsen bli forelsket i deg"
"and then you might have an immortal soul"
"og da kan du ha en udødelig sjel"

the witch laughed loud and disgustingly
heksa lo høyt og ekkelt
the toad and the snakes fell to the ground
padden og slangene falt til bakken
and they lay there wriggling on the floor
og de lå der og vred seg på gulvet
"You came to me just in time," said the witch
"Du kom til meg akkurat i tide," sa heksa
"after sunrise tomorrow it would have been too late"
"etter soloppgang i morgen ville det vært for sent"
"after tomorrow I would not have been able to help you till the end of another year"
"etter i morgen ville jeg ikke ha vært i stand til å hjelpe deg før slutten av et nytt år"
"I will prepare a potion for you"
"Jeg skal lage en trylledrikk til deg"
"swim up to the land tomorrow, before sunrise"
"svøm opp til landet i morgen, før soloppgang"
"seat yourself there and drink the potion"
"Sett deg der og drikk drikkedrikken"
"after you drink the potion your tail will disappear"
"etter du har drukket drikkedrikken vil halen din forsvinne"
"and then you will have what men call legs"
"og da vil du ha det menn kaller ben"

"all will say you are the prettiest girl in the world"
"alle vil si at du er den vakreste jenta i verden"
"but for this you will have to endure great pain"
"men for dette må du tåle store smerter"
"it will be as if a sword were passing through you"
"det vil være som om et sverd går gjennom deg"
"You will still have the same gracefulness of movement"
"Du vil fortsatt ha den samme gracefulness av bevegelse"
"it will be as if you are floating over the ground"
"det vil være som om du svever over bakken"
"and no dancer will ever tread as lightly as you"

"og ingen danser vil noen gang trå så lett som deg"
"but every step you take will cause you great pain"
"men hvert skritt du tar vil forårsake stor smerte"
"it will be as if you were treading upon sharp knives"
"det vil være som om du tråkket på skarpe kniver"
"If you bear all this suffering, I will help you"
"Hvis du tåler all denne lidelsen, vil jeg hjelpe deg"
the little mermaid thought of the prince
den lille havfruen tenkte på prinsen
and she thought of the happiness of an immortal soul
og hun tenkte på lykken til en udødelig sjel
"Yes, I will," said the little princess
"Ja, det skal jeg," sa den lille prinsessen
but, as you can imagine, her voice trembled with fear
men som du kan forestille deg, skalv stemmen hennes av frykt

"do not rush into this," said the witch
«Ikke skynd deg inn i dette,» sa heksa
"once you are shaped like a human, you can never return"
"når du først er formet som et menneske, kan du aldri komme tilbake"
"and you will never again take the form of a mermaid"
"og du vil aldri mer ta form av en havfrue"
"You will never return through the water to your sisters"
"Du kommer aldri tilbake gjennom vannet til søstrene dine"
"nor will you ever go to your father's palace again"
"Du vil aldri gå til din fars palass igjen"
"you will have to win the love of the prince"
"du må vinne prinsens kjærlighet"
"he must be willing to forget his father and mother for you"
"han må være villig til å glemme sin far og mor for deg"
"and he must love you with all of his soul"
"og han må elske deg av hele sin sjel"
"the priest must join your hands together"
"presten må slå deg sammen"
"and he must make you man and wife in holy matrimony"

"og han skal gjøre dere til mann og hustru i hellig ekteskap"
"only then will you have an immortal soul"
"bare da vil du ha en udødelig sjel"
"but you must never allow him to marry another woman"
"men du må aldri tillate ham å gifte seg med en annen kvinne"
"the morning after he marries another woman, your heart will break"
"morgenen etter at han gifter seg med en annen kvinne, vil hjertet ditt knekke"
"and you will become foam on the crest of the waves"
"og du skal bli skum på toppen av bølgene"
the little mermaid became as pale as death
den lille havfruen ble blek som døden
"I will do it," said the little mermaid
"Jeg skal gjøre det," sa den lille havfruen

"But I must be paid, also," said the witch
"Men jeg må ha betalt også," sa heksa
"and it is not a trifle that I ask for"
"og det er ikke en bagatell jeg ber om"
"You have the sweetest voice of any who dwell here"
"Du har den søteste stemmen av alle som bor her"
"you believe that you can charm the prince with your voice"
"du tror at du kan sjarmere prinsen med stemmen din"
"But your beautiful voice you must give to me"
"Men din vakre stemme må du gi meg"
"The best thing you possess is the price of my potion"
"Det beste du har er prisen på drikkedrikken min"
"the potion must be mixed with my own blood"
"drikken må blandes med mitt eget blod"
"only this mixture makes the potion as sharp as a two-edged sword"
"bare denne blandingen gjør drikkedrikken så skarp som et tveegget sverd"

the little mermaid tried to object to the cost

den lille havfruen prøvde å protestere mot kostnadene
"But if you take away my voice..." said the little mermaid
"Men hvis du tar vekk stemmen min..." sa den lille havfruen
"if you take away my voice, what is left for me?"
"hvis du tar fra meg stemmen, hva er det igjen for meg?"
"Your beautiful form," suggested the sea witch
"Din vakre form," foreslo havheksa
"your graceful walk, and your expressive eyes"
"din grasiøse vandring og dine uttrykksfulle øyne"
"Surely, with these things you can enchain a man's heart?"
"Sikkert, med disse tingene kan du lenke en manns hjerte?"
"Well, have you lost your courage?" the sea witch asked
"Vel, har du mistet motet?" spurte sjøheksa
"Put out your little tongue, so that I can cut it off"
"Strekk ut den lille tungen din, så jeg kan kutte den av"
"then you shall have the powerful potion"
"da skal du ha den kraftige trylledrikken"
"It shall be," said the little mermaid
"Det skal være," sa den lille havfruen

Then the witch placed her cauldron on the fire
Så plasserte heksen sin gryte på bålet
"Cleanliness is a good thing," said the sea witch
"Renslighet er en god ting," sa sjøheksa
she scoured the vessels for the right snake
hun skurte karene etter den rette slangen
all the snakes had been tied together in a large knot
alle slangene var bundet sammen i en stor knute
Then she pricked herself in the breast
Så prikket hun seg selv i brystet
and she let the black blood drop into the caldron
og hun lot det svarte blodet falle ned i gryten
The steam that rose twisted itself into horrible shapes
Dampen som steg vridd seg til grufulle former
no person could look at the shapes without fear
ingen person kunne se på formene uten frykt

Every moment the witch threw new ingredients into the vessel
Hvert øyeblikk kastet heksen nye ingredienser i karet
finally, with everything inside, the caldron began to boil
til slutt, med alt inni, begynte gryten å koke
there was the sound like the weeping of a crocodile
det var lyden som gråt av en krokodille
and at last the magic potion was ready
og endelig var trylledrikken klar
despite its ingredients, the potion looked like the clearest water
til tross for ingrediensene, så drikkedrikken ut som det klareste vannet
"There it is, all for you," said the witch
"Der er den, alt for deg," sa heksa
and then she cut off the little mermaid's tongue
og så kuttet hun av den lille havfruens tunge
so that the little mermaid could never again speak, nor sing again
slik at den lille havfruen aldri mer kunne snakke eller synge igjen
"the polypi might try and grab you on the way out"
"polypien kan prøve å gripe deg på vei ut"
"if they try, throw over them a few drops of the potion"
"hvis de prøver, kast over dem noen dråper av trylledrikken"
"and their fingers will be torn into a thousand pieces"
"og fingrene deres skal rives i tusen biter"
But the little mermaid had no need to do this
Men den lille havfruen hadde ikke behov for å gjøre dette
the polypi sprang back in terror when they saw her
polypien sprang tilbake i redsel da de så henne
they saw she had lost her tongue to the sea witch
de så at hun hadde mistet tungen til sjøheksa
and they saw she was carrying the potion
og de så at hun bar trylledrikken
the potion shone in her hand like a twinkling star

trylledrikken lyste i hånden hennes som en blinkende stjerne

So she passed quickly through the wood and the marsh
Så hun gikk raskt gjennom skogen og myra
and she passed between the rushing whirlpools
og hun passerte mellom de brusende boblebadene
soon she made her way back to the palace of her father
snart tok hun veien tilbake til palasset til sin far
all the torches in the ballroom were extinguished
alle faklene i ballsalen ble slukket
all within the palace must now be asleep
alle i palasset må nå sove
But she did not go inside to see them
Men hun gikk ikke inn for å se dem
she knew she was going to leave them forever
hun visste at hun kom til å forlate dem for alltid
and she knew her heart would break if she saw them
og hun visste at hjertet hennes ville knekke hvis hun så dem
she went into the garden one last time
hun gikk inn i hagen en siste gang
and she took a flower from each one of her sisters
og hun tok en blomst fra hver av sine søstre
and then she rose up through the dark-blue waters
og så steg hun opp gjennom det mørkeblå vannet

The Little Mermaid Meets the Prince
Den lille havfruen møter prinsen

the little mermaid arrived at the prince's palace
den lille havfruen ankom prinsens palass
the sun had not yet risen from the sea
solen hadde ennå ikke stått opp fra havet
and the moon shone clear and bright in the night
og månen skinte klart og klart om natten
the little mermaid sat at the beautiful marble steps
den lille havfruen satt ved de vakre marmortrappene
and then the little mermaid drank the magic potion
og så drakk den lille havfruen trylledrikken
she felt the cut of a two-edged sword cut through her
hun kjente kuttet av et tveegget sverd skjære gjennom henne
and she fell into a swoon, and lay like one dead
og hun falt i besvimelse og ble liggende som en død
the sun rose from the sea and shone over the land
solen steg opp fra havet og skinte over landet
she recovered and felt the pain from the cut
hun kom seg og kjente smerten fra kuttet
but before her stood the handsome young prince
men foran henne sto den vakre unge prinsen

He fixed his coal-black eyes upon the little mermaid
Han festet sine kullsvarte øyne på den lille havfruen
he looked so earnestly that she cast down her eyes
han så så alvorlig at hun kastet øynene ned
and then she became aware that her fish's tail was gone
og så ble hun klar over at halen til fisken hennes var borte
she saw that she had the prettiest pair of white legs
hun så at hun hadde det vakreste paret hvite ben
and she had tiny feet, as any little maiden would have
og hun hadde bittesmå føtter, som enhver liten jomfru ville ha
But, having come from the sea, she had no clothes
Men da hun kom fra havet, hadde hun ingen klær

so she wrapped herself in her long, thick hair
så hun pakket seg inn i det lange, tykke håret
The prince asked her who she was and whence she came
Prinsen spurte henne hvem hun var og hvor hun kom fra
She looked at him mildly and sorrowfully
Hun så på ham mildt og bedrøvet
but she had to answer with her deep blue eyes
men hun måtte svare med de dypblå øynene
because the little mermaid could not speak anymore
fordi den lille havfruen ikke kunne snakke lenger
He took her by the hand and led her to the palace
Han tok henne i hånden og førte henne til palasset

Every step she took was as the witch had said it would be
Hvert skritt hun tok var som heksen hadde sagt det skulle være
she felt as if she were treading upon sharp knives
hun følte det som om hun tråkket på skarpe kniver
She bore the pain of her wish willingly, however
Hun bar imidlertid villig smerten av ønsket
and she moved at the prince's side as lightly as a bubble
og hun beveget seg ved prinsens side så lett som en boble
all who saw her wondered at her graceful, swaying movements
alle som så henne undret seg over hennes grasiøse, svaiende bevegelser
She was very soon arrayed in costly robes of silk and muslin
Hun ble veldig snart kledd i kostbare klær av silke og muslin
and she was the most beautiful creature in the palace
og hun var den vakreste skapningen i palasset
but she appeared dumb, and could neither speak nor sing
men hun virket stum og kunne verken snakke eller synge

there were beautiful female slaves, dressed in silk and gold
det var vakre kvinnelige slaver, kledd i silke og gull
they stepped forward and sang in front of the royal family

de gikk frem og sang foran kongefamilien
each slave could sing better than the next one
hver slave kunne synge bedre enn den neste
and the prince clapped his hands and smiled at her
og prinsen klappet i hendene og smilte til henne
This was a great sorrow to the little mermaid
Dette var en stor sorg for den lille havfruen
she knew how much more sweetly she was able to sing
hun visste hvor mye søtere hun var i stand til å synge
"if only he knew I have given away my voice to be with him!"
"hvis han bare visste at jeg har gitt bort stemmen min for å være med ham!"

there was music being played by an orchestra
det var musikk som ble spilt av et orkester
and the slaves performed some pretty, fairy-like dances
og slavene utførte noen vakre, eventyrlignende danser
Then the little mermaid raised her lovely white arms
Så løftet den lille havfruen de vakre hvite armene sine
she stood on the tips of her toes like a ballerina
hun sto på tærne som en ballerina
and she glided over the floor like a bird over water
og hun gled over gulvet som en fugl over vann
and she danced as no one yet had been able to dance
og hun danset som ingen ennå hadde vært i stand til å danse
At each moment her beauty was more revealed
For hvert øyeblikk ble hennes skjønnhet mer avslørt
most appealing of all, to the heart, were her expressive eyes
mest tiltalende av alt, for hjertet, var hennes uttrykksfulle øyne
Everyone was enchanted by her, especially the prince
Alle ble trollbundet av henne, spesielt prinsen
the prince called her his deaf little foundling
prinsen kalte henne sin døve lille hittebarn
and she happily continued to dance, to please the prince

og hun fortsatte gladelig å danse, for å glede prinsen
but we must remember the pain she endured for his pleasure
men vi må huske smerten hun utholdt for hans glede
every step on the floor felt as if she trod on sharp knives
hvert skritt på gulvet føltes som om hun tråkket på skarpe kniver

The prince said she should remain with him always
Prinsen sa at hun alltid skulle være hos ham
and she was given permission to sleep at his door
og hun fikk lov til å sove ved døren hans
they brought a velvet cushion for her to lie on
de hadde med seg en fløyelspute som hun kunne ligge på
and the prince had a page's dress made for her
og prinsen fikk laget en sidekjole til henne
this way she could accompany him on horseback
slik kunne hun følge ham på hesteryggen
They rode together through the sweet-scented woods
De red sammen gjennom de duftende skogene
in the woods the green branches touched their shoulders
i skogen rørte de grønne grenene deres skuldre
and the little birds sang among the fresh leaves
og småfuglene sang blant de friske bladene
She climbed with him to the tops of high mountains
Hun klatret sammen med ham til toppen av høye fjell
and although her tender feet bled, she only smiled
og selv om de ømme føttene hennes blødde, smilte hun bare
she followed him till the clouds were beneath them
hun fulgte ham til skyene var under dem
like a flock of birds flying to distant lands
som en fugleflokk som flyr til fjerne land

when all were asleep she sat on the broad marble steps
da alle sov, satt hun på de brede marmortrappene
it eased her burning feet to bathe them in the cold water

det lettet hennes brennende føtter å bade dem i det kalde vannet
It was then that she thought of all those in the sea
Det var da hun tenkte på alle de i havet
Once, during the night, her sisters came up, arm in arm
En gang, i løpet av natten, kom søstrene hennes opp, arm i arm
they sang sorrowfully as they floated on the water
de sang sorgfullt mens de fløt på vannet
She beckoned to them, and they recognized her
Hun vinket til dem, og de kjente henne igjen
they told her how they had grieved their youngest sister
de fortalte henne hvordan de hadde sørget over sin yngste søster
after that, they came to the same place every night
etter det kom de til samme sted hver kveld
Once she saw in the distance her old grandmother
En gang så hun i det fjerne sin gamle bestemor
she had not been to the surface of the sea for many years
hun hadde ikke vært på havoverflaten på mange år
and the old Sea King, her father, with his crown on his head
og den gamle sjøkongen, hennes far, med kronen på hodet
he too came to where she could see him
også han kom dit hun kunne se ham
They stretched out their hands towards her
De strakte ut hendene mot henne
but they did not venture as near the land as her sisters
men de våget seg ikke så nær landet som søstrene hennes

As the days passed she loved the prince more dearly
Ettersom dagene gikk, elsket hun prinsen høyere
and he loved her as one would love a little child
og han elsket henne som man ville elske et lite barn
The thought never came to him to make her his wife
Tanken kom aldri til ham å gjøre henne til sin kone
but, unless he married her, her wish would never come true

men med mindre han giftet seg med henne, ville hennes ønske
aldri gå i oppfyllelse
unless he married her she could not receive an immortal soul
med mindre han giftet seg med henne, kunne hun ikke motta
en udødelig sjel
and if he married another her dreams would shatter
og hvis han giftet seg med en annen, ville drømmene hennes
knuses
on the morning after his marriage she would dissolve
morgenen etter ekteskapet hans ville hun oppløses
and the little mermaid would become the foam of the sea
og den lille havfruen skulle bli havets skum

the prince took the little mermaid in his arms
prinsen tok den lille havfruen i armene sine
and he kissed her on her forehead
og han kysset henne på pannen hennes
with her eyes she tried to ask him
med øynene prøvde hun å spørre ham
"Do you not love me the most of them all?"
"Elsker du meg ikke mest av dem alle?"
"Yes, you are dear to me," said the prince
"Ja, du er meg kjær," sa prinsen
"because you have the best heart"
"fordi du har det beste hjertet"
"and you are the most devoted to me"
"og du er den mest hengivne til meg"
"You are like a young maiden whom I once saw"
"Du er som en ung jomfru som jeg en gang så"
"but I shall never meet this young maiden again"
"men jeg skal aldri møte denne unge jenta igjen"
"I was in a ship that was wrecked"
"Jeg var i et skip som ble vraket"
"and the waves cast me ashore near a holy temple"
"og bølgene kastet meg i land nær et hellig tempel"
"at the temple several young maidens performed the service"

"ved templet utførte flere unge jomfruer tjenesten"
"The youngest maiden found me on the shore"
"Den yngste jomfruen fant meg i fjæra"
"and the youngest of the maidens saved my life"
"og den yngste av jomfruene reddet livet mitt"
"I saw her but twice," he explained
"Jeg så henne bare to ganger," forklarte han
"and she is the only one in the world whom I could love"
"og hun er den eneste i verden som jeg kunne elske"
"But you are like her," he reassured the little mermaid
«Men du er som henne», beroliget han den lille havfruen
"and you have almost driven her image from my mind"
"og du har nesten drevet bildet hennes fra tankene mine"
"She belongs to the holy temple"
"Hun tilhører det hellige tempel"
"good fortune has sent you instead of her to me"
"lykke har sendt deg i stedet for henne til meg"
"We will never part," he comforted the little mermaid
«Vi vil aldri skilles», trøstet han den lille havfruen

but the little mermaid could not help but sigh
men den lille havfruen kunne ikke annet enn å sukke
"he knows not that it was I who saved his life"
"han vet ikke at det var jeg som reddet livet hans"
"I carried him over the sea to where the temple stands"
"Jeg bar ham over havet til der templet står"
"I sat beneath the foam till the human came to help him"
"Jeg satt under skummet til mennesket kom for å hjelpe ham"
"I saw the pretty maiden that he loves"
"Jeg så den vakre jenta han elsker"
"the pretty maiden that he loves more than me"
"den vakre jenta som han elsker mer enn meg"
The mermaid sighed deeply, but she could not weep
Havfruen sukket dypt, men hun kunne ikke gråte
"He says the maiden belongs to the holy temple"
"Han sier at jomfruen tilhører det hellige tempel"

"**therefore she will never return to the world**"
"Derfor kommer hun aldri tilbake til verden"
"**they will meet no more," the little mermaid hoped**
«de vil ikke møtes mer», håpet den lille havfruen
"**I am by his side and see him every day**"
"Jeg er ved hans side og ser ham hver dag"
"**I will take care of him, and love him**"
"Jeg vil ta vare på ham og elske ham"
"**and I will give up my life for his sake**"
"og jeg vil gi opp livet mitt for hans skyld"

The Day of the Wedding
Bryllupsdagen

Very soon it was said that the prince was going to marry
Veldig snart ble det sagt at prinsen skulle gifte seg
there was the beautiful daughter of a neighbouring king
der var den vakre datteren til en nabokonge
it was said that she would be his wife
det ble sagt at hun skulle være hans kone
for the occasion a fine ship was being fitted out
for anledningen var et fint skip under innredning
the prince said he intended only to visit the king
prinsen sa at han bare hadde til hensikt å besøke kongen
they thought he was only going so as to meet the princess
de trodde han bare skulle gå for å møte prinsessen
The little mermaid smiled and shook her head
Den lille havfruen smilte og ristet på hodet
She knew the prince's thoughts better than the others
Hun kjente prinsens tanker bedre enn de andre

"I must travel," he had said to her
«Jeg må reise,» hadde han sagt til henne
"I must see this beautiful princess"
"Jeg må se denne vakre prinsessen"
"My parents want me to go and see her"
"Foreldrene mine vil at jeg skal gå og se henne"
"but they will not oblige me to bring her home as my bride"
"men de vil ikke tvinge meg til å bringe henne hjem som min brud"
"you know that I cannot love her"
"du vet at jeg ikke kan elske henne"
"because she is not like the beautiful maiden in the temple"
"fordi hun ikke er som den vakre jenta i templet"
"the beautiful maiden whom you resemble"
"den vakre jomfruen som du ligner"
"If I were forced to choose a bride, I would choose you"

"Hvis jeg ble tvunget til å velge en brud, ville jeg valgt deg"
"my deaf foundling, with those expressive eyes"
"min døve hittebarn, med de uttrykksfulle øynene"
Then he kissed her rosy mouth
Så kysset han den rosenrøde munnen hennes
and he played with her long, waving hair
og han lekte med det lange, bølgende håret hennes
and he laid his head on her heart
og han la hodet på hennes hjerte
she dreamed of human happiness and an immortal soul
hun drømte om menneskelig lykke og en udødelig sjel

they stood on the deck of the noble ship
de sto på dekket av adelsskipet
"You are not afraid of the sea, are you?" he said
"Du er vel ikke redd for havet?" sa han
the ship was to carry them to the neighbouring country
skipet skulle frakte dem til nabolandet
Then he told her of storms and of calms
Så fortalte han henne om stormer og stille
he told her of strange fishes deep beneath the water
han fortalte henne om merkelige fisker dypt under vannet
and he told her of what the divers had seen there
og han fortalte henne hva dykkerne hadde sett der
She smiled at his descriptions, slightly amused
Hun smilte til beskrivelsene hans, litt underholdt
she knew better what wonders were at the bottom of the sea
hun visste bedre hvilke undere som var på bunnen av havet

the little mermaid sat on the deck at moonlight
den lille havfruen satt på dekk i måneskinn
all on board were asleep, except the man at the helm
alle om bord sov, bortsett fra mannen ved roret
and she gazed down through the clear water
og hun stirret ned gjennom det klare vannet
She thought she could distinguish her father's castle

Hun trodde hun kunne kjenne igjen farens slott
and in the castle she could see her aged grandmother
og i slottet kunne hun se sin gamle bestemor
Then her sisters came out of the waves
Så kom søstrene hennes ut av bølgene
and they gazed at their sister mournfully
og de så sørgmodig på sin søster
She beckoned to her sisters, and smiled
Hun vinket til søstrene sine og smilte
she wanted to tell them how happy and well off she was
hun ville fortelle dem hvor glad og godt hun hadde det
But the cabin boy approached and her sisters dived down
Men hyttegutten nærmet seg og søstrene hennes stupte ned
he thought what he saw was the foam of the sea
han trodde det han så var havets skum

The next morning the ship got into the harbour
Neste morgen kom skipet inn i havnen
they had arrived in a beautiful coastal town
de var kommet til en vakker kystby
on their arrival they were greeted by church bells
ved ankomsten ble de møtt av kirkeklokker
and from the high towers sounded a flourish of trumpets
og fra de høye tårnene lød en bølge av trompeter
soldiers lined the roads through which they passed
soldater langs veiene de passerte
Soldiers, with flying colors and glittering bayonets
Soldater, med glans og glitrende bajonetter
Every day that they were there there was a festival
Hver dag de var der var det festival
balls and entertainments were organised for the event
Det ble arrangert ball og underholdning til arrangementet
But the princess had not yet made her appearance
Men prinsessen hadde ennå ikke dukket opp
she had been brought up and educated in a religious house
hun hadde blitt oppdratt og utdannet i et religiøst hus

she was learning every royal virtue of a princess
hun lærte alle kongelige dyder til en prinsesse

At last, the princess made her royal appearance
Endelig gjorde prinsessen sitt kongelige utseende
The little mermaid was anxious to see her
Den lille havfruen var ivrig etter å se henne
she had to know whether she really was beautiful
hun måtte vite om hun virkelig var vakker
and she was obliged to admit she really was beautiful
og hun måtte innrømme at hun virkelig var vakker
she had never seen a more perfect vision of beauty
hun hadde aldri sett et mer perfekt syn på skjønnhet
Her skin was delicately fair
Huden hennes var delikat lys
and her laughing blue eyes shone with truth and purity
og hennes leende blå øyne strålte av sannhet og renhet
"It was you," said the prince
«Det var deg», sa prinsen
"you saved my life when I lay as if dead on the beach"
"du reddet livet mitt da jeg lå som død på stranden"
"and he held his blushing bride in his arms"
"og han holdt sin rødmende brud i armene"

"Oh, I am too happy!" said he to the little mermaid
"Å, jeg er for glad!" sa han til den lille havfruen
"my fondest hopes are now fulfilled"
"mine dypeste forhåpninger er nå oppfylt"
"You will rejoice at my happiness"
"Du vil glede deg over min lykke"
"because your devotion to me is great and sincere"
"fordi din hengivenhet til meg er stor og oppriktig"
The little mermaid kissed the prince's hand
Den lille havfruen kysset prinsens hånd
and she felt as if her heart were already broken
og hun følte det som om hjertet hennes allerede var knust

the morning of his wedding was going to bring death to her
morgenen da bryllupet hans skulle bringe døden til henne
she knew she was to become the foam of the sea
hun visste at hun skulle bli havets skum

the sound of the church bells rang through the town
lyden av kirkeklokkene ringte gjennom byen
the heralds rode through the town proclaiming the betrothal
heralderne red gjennom byen og proklamerte forlovelsen
Perfumed oil was burned in silver lamps on every altar
Parfymert olje ble brent i sølvlamper på hvert alter
The priests waved the censers over the couple
Prestene viftet røkelseskarene over ekteparet
and the bride and the bridegroom joined their hands
og bruden og brudgommen slo seg sammen
and they received the blessing of the bishop
og de mottok biskopens velsignelse
The little mermaid was dressed in silk and gold
Den lille havfruen var kledd i silke og gull
she held up the bride's dress, in great pain
hun holdt opp brudens kjole, med store smerter
but her ears heard nothing of the festive music
men ørene hennes hørte ingenting til den festlige musikken
and her eyes saw not the holy ceremony
og hennes øyne så ikke den hellige seremoni
She thought of the night of death coming to her
Hun tenkte på dødsnatten som kom til henne
and she mourned for all she had lost in the world
og hun sørget over alt hun hadde mistet i verden

that evening the bride and bridegroom boarded the ship
den kvelden gikk bruden og brudgommen ombord på skipet
the ship's cannons were roaring to celebrate the event
skipets kanoner brølte for å feire begivenheten
and all the flags of the kingdom were waving
og alle rikets flagg vaiet

in the centre of the ship a tent had been erected
i midten av skipet var det reist et telt
in the tent were the sleeping couches for the newlyweds
i teltet var sovesofaene til de nygifte
the winds were favourable for navigating the calm sea
vindene var gunstige for å navigere i det stille havet
and the ship glided as smoothly as the birds of the sky
og skipet gled like jevnt som himmelens fugler

When it grew dark, a number of colored lamps were lighted
Da det ble mørkt, ble en rekke fargede lamper tent
the sailors and royal family danced merrily on the deck
sjømennene og kongefamilien danset lystig på dekk
The little mermaid could not help thinking of her birthday
Den lille havfruen kunne ikke la være å tenke på bursdagen sin
the day that she rose out of the sea for the first time
dagen da hun sto opp av havet for første gang
similar joyful festivities were celebrated on that day
lignende gledelige festligheter ble feiret den dagen
she thought about the wonder and hope she felt that day
hun tenkte på undringen og håpet hun følte den dagen
with those pleasant memories, she too joined in the dance
med de hyggelige minnene ble hun også med på dansen
on her paining feet, she poised herself in the air
på de smertefulle føttene stilte hun seg opp i luften
the way a swallow poises itself when in pursued of prey
måten en svale balanserer seg på når den blir forfulgt av byttedyr
the sailors and the servants cheered her wonderingly
sjømennene og tjenestefolkene jublet henne undrende
She had never danced so gracefully before
Hun hadde aldri danset så grasiøst før
Her tender feet felt as if cut with sharp knives
De ømme føttene hennes føltes som om de var skåret med skarpe kniver

but she cared little for the pain of her feet
men hun brydde seg lite om smertene i føttene
there was a much sharper pain piercing her heart
det var en mye skarpere smerte gjennom hjertet hennes

She knew this was the last evening she would ever see him
Hun visste at dette var den siste kvelden hun noensinne ville se ham
the prince for whom she had forsaken her kindred and home
prinsen som hun hadde forlatt sin slekt og sitt hjem for
She had given up her beautiful voice for him
Hun hadde gitt opp sin vakre stemme for ham
and every day she had suffered unheard-of pain for him
og hver dag hadde hun lidd uhørt smerte for ham
she suffered all this, while he knew nothing of her pain
hun led alt dette, mens han ikke visste noe om smerten hennes
it was the last evening she would breath the same air as him
det var den siste kvelden hun pustet den samme luften som ham
it was the last evening she would gaze on the same starry sky
det var den siste kvelden hun så på den samme stjernehimmelen
it was the last evening she would gaze into the deep sea
det var den siste kvelden hun ville se ut i dyphavet
it was the last evening she would gaze into the eternal night
det var den siste kvelden hun ville se inn i den evige natt
an eternal night without thoughts or dreams awaited her
en evig natt uten tanker eller drømmer ventet henne
She was born without a soul, and now she could never win one
Hun ble født uten sjel, og nå kunne hun aldri vinne en

All was joy and gaiety on the ship until long after midnight
Alt var glede og munterhet på skipet til langt etter midnatt
She smiled and danced with the others on the royal ship

Hun smilte og danset med de andre på kongeskipet
but she danced while the thought of death was in her heart
men hun danset mens tanken på døden var i hennes hjerte
she had to watch the prince dance with the princess
hun måtte se prinsen danse med prinsessen
she had to watch when the prince kissed his beautiful bride
hun måtte se når prinsen kysset sin vakre brud
she had to watch her play with the prince's raven hair
hun måtte se henne leke med prinsens ravnhår
and she had to watch them enter the tent, arm in arm
og hun måtte se dem gå inn i teltet, arm i arm

After the Wedding
Etter bryllupet

After they had gone all became still on board the ship
Etter at de hadde gått ble alle stille om bord på skipet
only the pilot, who stood at the helm, was still awake
bare piloten, som sto ved roret, var fortsatt våken
The little mermaid leaned on the edge of the vessel
Den lille havfruen lente seg på kanten av fartøyet
she looked towards the east for the first blush of morning
hun så mot øst for morgenens første rødme
the first ray of the dawn, which was to be her death
morgengryets første stråle, som skulle bli hennes død
from far away she saw her sisters rising out of the sea
fra langt borte så hun søstrene sine stige opp av havet
They were as pale with fear as she was
De var like bleke av frykt som henne
but their beautiful hair no longer waved in the wind
men det vakre håret deres vaiet ikke lenger i vinden
"We have given our hair to the witch," said they
"Vi har gitt håret vårt til heksen," sa de
"so that you do not have to die tonight"
"slik at du ikke trenger å dø i kveld"
"for our hair we have obtained this knife"
"for håret vårt har vi fått denne kniven"
"Before the sun rises you must use this knife"
"Før solen står opp må du bruke denne kniven"
"you must plunge the knife into the heart of the prince"
"du må stikke kniven inn i hjertet til prinsen"
"the warm blood of the prince must fall upon your feet"
"prinsens varme blod må falle på dine føtter"
"and then your feet will grow together again"
"og så vil føttene dine vokse sammen igjen"
"where you have legs you will have a fish's tail again"
"der du har bein vil du ha en fiskehale igjen"

"and where you were human you will once more be a mermaid"
"og der du var menneske vil du igjen være en havfrue"
"then you can return to live with us, under the sea"
"da kan du komme tilbake for å bo hos oss, under havet"
"and you will be given your three hundred years of a mermaid"
"og du vil bli gitt dine tre hundre år som havfrue"
"and only then will you be changed into the salty sea foam"
"og først da vil du bli forandret til det salte havskummet"
"Haste, then; either he or you must die before sunrise"
"Hast deg, enten han eller du må dø før soloppgang"
"our old grandmother mourns for you day and night"
"vår gamle bestemor sørger over deg dag og natt"
"her white hair is falling out"
"det hvite håret hennes faller av"
"just as our hair fell under the witch's scissors"
"akkurat som håret vårt falt under heksesaksen"
"Kill the prince, and come back," they begged her
"Drep prinsen, og kom tilbake," ba de henne
"Do you not see the first red streaks in the sky?"
"Ser du ikke de første røde stripene på himmelen?"
"In a few minutes the sun will rise, and you will die"
"Om noen minutter vil solen stå opp, og du vil dø"
having done their best, her sisters sighed deeply
etter å ha gjort sitt beste, sukket søstrene hennes dypt
mournfully her sisters sank back beneath the waves
sørgmodig sank søstrene hennes tilbake under bølgene
and the little mermaid was left with the knife in her hands
og den lille havfruen ble sittende igjen med kniven i hendene

she drew back the crimson curtain of the tent
hun trakk tilbake det karmosinrøde teppet i teltet
and in the tent she saw the beautiful bride
og i teltet så hun den vakre bruden
her face was resting on the prince's breast

ansiktet hennes hvilte på prinsens bryst
and then the little mermaid looked at the sky
og så så den lille havfruen på himmelen
on the horizon the rosy dawn grew brighter and brighter
i horisonten ble den rosenrøde daggry lysere og lysere
She glanced at the sharp knife in her hands
Hun så på den skarpe kniven i hendene
and again she fixed her eyes on the prince
og igjen festet hun blikket på prinsen
She bent down and kissed his noble brow
Hun bøyde seg ned og kysset hans edle panne
he whispered the name of his bride in his dreams
han hvisket navnet på bruden sin i drømmene sine
he was dreaming of the princess he had married
han drømte om prinsessen han hadde giftet seg med
the knife trembled in the hand of the little mermaid
kniven skalv i hånden til den lille havfruen
but she flung the knife far into the sea
men hun kastet kniven langt i sjøen

where the knife fell the water turned red
der kniven falt ble vannet rødt
the drops that spurted up looked like blood
dråpene som sprutet opp så ut som blod
She cast one last look upon the prince she loved
Hun kastet et siste blikk på prinsen hun elsket
the sun pierced the sky with its golden arrows
solen gjennomboret himmelen med sine gyldne piler
and she threw herself from the ship into the sea
og hun kastet seg fra skipet i sjøen
the little mermaid felt her body dissolving into foam
den lille havfruen kjente kroppen hennes oppløses til skum
and all that rose to the surface were bubbles of air
og alt som steg til overflaten var luftbobler
the sun's warm rays fell upon the cold foam
solens varme stråler falt på det kalde skummet

but she did not feel as if she were dying
men hun følte det ikke som om hun holdt på å dø
in a strange way she felt the warmth of the bright sun
på en merkelig måte kjente hun varmen fra den lyse solen
she saw hundreds of beautiful transparent creatures
hun så hundrevis av vakre gjennomsiktige skapninger
the creatures were floating all around her
skapningene fløt rundt henne
through the creatures she could see the white sails of the ships
gjennom skapningene kunne hun se de hvite seilene til skipene
and between the sails of the ships she saw the red clouds in the sky
og mellom seilene på skipene så hun de røde skyene på himmelen
Their speech was melodious and childlike
Talen deres var melodiøs og barnlig
but their speech could not be heard by mortal ears
men deres tale kunne ikke høres av dødelige ører
nor could their bodies be seen by mortal eyes
heller ikke kunne deres kropper sees av dødelige øyne
The little mermaid perceived that she was like them
Den lille havfruen skjønte at hun var som dem
and she felt that she was rising higher and higher
og hun kjente at hun steg høyere og høyere
"Where am I?" asked she, and her voice sounded ethereal
"Hvor er jeg?" spurte hun, og stemmen hennes lød eterisk
there is no earthly music that could imitate her
det er ingen jordisk musikk som kan etterligne henne
"you are among the daughters of the air," answered one of them
"du er blant luftens døtre," svarte en av dem
"A mermaid has not an immortal soul"
"En havfrue har ikke en udødelig sjel"
"nor can mermaids obtain immortal souls"

"heller ikke kan havfruer få udødelige sjeler"
"unless she wins the love of a human being"
"med mindre hun vinner kjærligheten til et menneske"
"on the will of another hangs her eternal destiny"
"på en annens vilje henger hennes evige skjebne"
"like you, we do not have immortal souls either"
"som deg har vi heller ikke udødelige sjeler"
"but we can obtain an immortal soul by our deeds"
"men vi kan få en udødelig sjel ved våre gjerninger"
"We fly to warm countries and cool the sultry air"
"Vi flyr til varme land og kjøler ned den lune luften"
"the heat that destroys mankind with pestilence"
"varmen som ødelegger menneskeheten med pest"
"We carry the perfume of the flowers"
"Vi bærer parfymen til blomstene"
"and we spread health and restoration"
"og vi sprer helse og restaurering"

"for three hundred years we travel the world like this"
"i tre hundre år reiser vi verden rundt på denne måten"
"in that time we strive to do all the good in our power"
"på den tiden streber vi etter å gjøre alt det gode som står i vår makt"
"if we succeed we receive an immortal soul"
"hvis vi lykkes får vi en udødelig sjel"
"and then we too take part in the happiness of mankind"
"og så tar vi også del i menneskehetens lykke"
"You, poor little mermaid, have done your best"
"Du, stakkars lille havfrue, har gjort ditt beste"
"you have tried with your whole heart to do as we are doing"
"du har prøvd av hele ditt hjerte å gjøre som vi gjør"
"You have suffered and endured an enormous pain"
"Du har lidd og utholdt en enorm smerte"
"by your good deeds you raised yourself to the spirit world"
"ved dine gode gjerninger hevet du deg opp til åndeverdenen"
"and now you will live alongside us for three hundred years"

"og nå skal du bo sammen med oss i tre hundre år"
"by striving like us, you may obtain an immortal soul"
"ved å streve som oss, kan du få en udødelig sjel"
The little mermaid lifted her glorified eyes toward the sun
Den lille havfruen løftet sine glorifiserte øyne mot solen
for the first time, she felt her eyes filling with tears
for første gang kjente hun øynene fylles med tårer

On the ship she had left there was life and noise
På skipet hun hadde forlatt var det liv og bråk
she saw the prince and his beautiful bride searching for her
hun så prinsen og hans vakre brud lette etter henne
Sorrowfully, they gazed at the pearly foam
De så bedrøvet på perleskummet
it was as if they knew she had thrown herself into the waves
det var som om de visste at hun hadde kastet seg ut i bølgene
Unseen, she kissed the forehead of the bride
Usett kysset hun pannen til bruden
and then she rose with the other children of the air
og så reiste hun seg sammen med luftens andre barn
together they went to a rosy cloud that floated above
sammen gikk de til en rosenrød sky som fløt over

"After three hundred years," one of them started explaining
«Etter tre hundre år», begynte en av dem å forklare
"then we shall float into the kingdom of heaven," said she
«da skal vi flyte inn i himmelriket,» sa hun
"And we may even get there sooner," whispered a companion
"Og vi kan til og med komme dit før," hvisket en ledsager
"Unseen we can enter the houses where there are children"
"Usett kan vi gå inn i husene der det er barn"
"in some of the houses we find good children"
"i noen av husene finner vi flinke barn"
"these children are the joy of their parents"
"disse barna er foreldrenes glede"

"and these children deserve the love of their parents"
"og disse barna fortjener kjærligheten til foreldrene sine"
"such children shorten the time of our probation"
"slike barn forkorter prøvetiden vår"
"The child does not know when we fly through the room"
"Barnet vet ikke når vi flyr gjennom rommet"
"and they don't know that we smile with joy at their good conduct"
"og de vet ikke at vi smiler av glede over deres gode oppførsel"
"because then our judgement comes one day sooner"
"for da kommer vår dom en dag før"
"But we see naughty and wicked children too"
"Men vi ser slemme og onde barn også"
"when we see such children we shed tears of sorrow"
"når vi ser slike barn feller vi tårer av sorg"
"and for every tear we shed a day is added to our time"
"og for hver tåre vi feller blir en dag lagt til vår tid"

www.tranzlaty.com

www.ingramcontent.com/pod-product-compliance
Lightning Source LLC
Chambersburg PA
CBHW012008090526
44590CB00026B/3920